AF250762

APOSTROPHE

A

M. LINGUET,

Sur ses Nos. 25 & 26 des Annales du 18me. Siécle.

Par M. LORINET, Licencié ès loix, &c.

Sit patria, non fit, ego civis.

PARIS.

1779.

Effets pernicieux du principe opposé.

Il n'y a essentiellement, & il ne peut y avoir dans l'état qu'un seul ordre de puissance légitime. Il n'y faut qu'une seule autorité, qu'une seule magistrature. Vérité démontrée par le droit naturel, par le droit politique, par le saint évangile.

Combien la tyrannie, ou le droit de la force, avilit & dégrade le tyran & les esclaves.

La nature réprouve ce droit entre les hommes.

Elle y répugne même entre l'homme & les animaux.

Origine de cette créance ridicule & impie, que Dieu est le collateur de toutes les royautés ; que de Dieu vient toute force, toute puissance,

secourable ou vexatoire, conserva-
trice ou meurtriere. C'est un dogme,
étranger à la législation, prêché par
les agens des dieux révélés, inventé
pour rendre en apparence les rois
indépendans du genre-humain, & pour
immoler effectivement le genre-humain
& les rois, au despotisme effroyable
des prêtres.

Les trônes ont un appui plus sûr:
c'est leur nécessité reconnue, c'est la
justice infaillible des peuples, c'est leur
gratitude & leur amour envers ceux
qui prennent soin de leur donner la
paix & le bonheur.

La plus désastrueuse calamité qui
jamais ait fait frémir la terre; cette
épouvantable catastrophe, attestant la
puissance d'un perfide génie, qui con-

damna la France à d'éternelles larmes, & qui la couvre de honte ; cet horrible forfait, cet énorme attentat, ces grands coups de poignard qui déchirerent un cœur où réſidoit, comme dans ſon ſanctuaire, la tendre humanité ; ce maſſacre d'un roi, qui des tigres eux-mêmes eut reçu des careſſes ; la piété, le zèle de Ravaillac, cette abomination de la déſolation, eſt le chef-d'œuvre & le triomphe de l'infernale catholicité.

De l'Émile de Rouſſeau.
DE VOLTAIRE, &c. &c.

S i j'étois un de ceux fur qui vous lancez les traits empoifonnés d'une haine implacable, je me garderais d'élever la voix, foit pour les repouf-fer, ou pour ufer de repréfailles; & je vous laifferais le plaifir de me déchirer & mettre en piéces. Je ne prendrais pas d'autre parti, fi, avec nombre de gens, qui peuvent mieux voir que moi, je vous regardais comme un homme aliéné, comme un fou furieux. Mais je ne vous fais

pas tant d'honneur ; je crois m'appercevoir que votre méchanceté est
méditée, réfléchie, que vous vous
délectez à lui donner carriere, &
que vous favourez le fiel. Je ne con-
nais que par leur renommée les per-
fonnes dont vous vous plaignez avec
tant d'aigreur ; j'ignore fi vos accufations font fondées. En fuppofant
qu'elles le foient, vous avez peu de
droit à la commifération, puifque
vous avez tant d'ardeur à la vengeance.

Permettez-moi de vous demander, Monfieur, quel bien vous vous
propofez en vous gendarmant comme
vous faites ? C'eft fans doute d'humilier pour le moins ceux que vous
nommez vos ennemis ? Mais, croyez

en ma neutralité, pofé que la chofe foit poffible, fi vous ne changez de batteries, vous n'y réuffirez pas ; & vous n'avez jufqu'ici confpué que vous même. Vous citez devant tout le public, avec brutalité, des hommes qui depuis longues années, jouïffent de fa confidération : mais leur filence eft pour vous un terrible adverfaire. Vous les citez fur des faits particuliers, domeftiques, (*) inconnus, indifférens. Mais ce n'eft point au public à connaître de ces tracafferies. Des affaires perfonnelles ne doivent point s'inftruire à un tribunal où l'on peut impunément por-

____

(*) Entr'autres ceux allégués pour compromettre MM. d'Alembert & Marmontel, N°. 25.

ter de fauffes accufations comme de juftes, & où l'on n'eft point nécef-fairement confronté.

Procéder, même contradictoire-ment, à ce tribunal en matiere pri-vée, eft un acte nul, parceque les griefs n'y peuvent être prouvés, par-ce qu'une fimple dénégation fuffit pour les détruire.

Mais il eft extravagant d'y plaider feul, parceque le public ne juge point par défaut, ne condamne point par contumace : & en cela eft fa fageffe ; car l'accufé abfent peut être également, ou ce jufte qui fe repofe fur le témoignage de fa confcience, qui lorfqu'il a fait le bien, n'eft point obligé de comparaitre pour réfuter ceux qui lui imputent le mal ; ou ce coupable qui fait raifonner, & qui eft fûr, tant qu'il n'ouvrira point la bouche, de reffembler à l'innocent. Dans les tribunaux où ci-devant vous époufiez les paffions d'autrui, l'abfent a toujours tort : dans celui où vous déclamez aujourd'hui, c'eft tout le contraire. Quand on ne connait que la jurifprudence d'un feul tribunal, on eft fujet dans un autre, à faire des pas de clerc.

C'eft donc en vain que vous vous travaillez pour donner de l'importance à vos avantures. Vous avez beau vous bourfouffler, vendre à vos abonnés des épîtres au roi, dire & redire à tout le monde que tout le monde a conjuré votre perte, vous ne fixerez jamais les regards de la France.

Mais quelle eſt ma bonhommie de vous prêter peut-être des vues encor trop nobles ! plus je vous étudie , plus je me ſens tenté de jetter ma lettre au feu. Etes-vous en effet un homme qui cherche à perſuader ? Non, un cenſeur auſſi amer n'eſt propre qu'à faire haïr , même la bonne cauſe , ſi elle était entre ſes mains. La con-viction eſt encore moins votre objet ; car où ſont vos raiſons ? Et que dites-vous autre choſe que des impertinences ? votre ſecret n'eſt pas diffi-cile à ſurprendre. L'art d'écrire eſt pour vous un métier mercénaire ; vous deſirez être lu bien plus qu'être applaudi ; ce ſont des écoliers qu'il vous faut, non des diſciples ; & pour de l'argent vous conſentez qu'on

vous

vous détefte. Sur ce plan , vous avez voulu que votre journal piquât la curiofité par la force du ftyle , par la bizarrerie des idées , par l'effron= terie & les brocards.

Apprenez vos fuccès ; ils paffent vos efpérances.

Il eft une claffe nombreufe de gens peu fenfibles, qui , après le combat du taureau , n'ont point de paffe= tems plus doux que la lecture de vos feuilles. C'eft chez eux qu'avec tranfport vous êtes accueilli , ce font eux qui deux fois le mois célébrent votre triomphe , & vous oublient. Ce font des fans-fouci , des Démo= crites qui rient de tout , qui , fans aimer le mal , fans être capables de le faire , fe plaifent à l'entendre , &

B

le trouvent charmant, lorfqu'il eft préfenté avec les graces du difcours. C'eft pour ces efprits fi menus, fi légers, que vous écrivez fi joliment; c'eft pour ces étres fi peu moraux que vous moralifez fi heureufement. Vous les divertiffez; mais je doute qu'aucun d'eux voulut habiter avec vous ; ils vous croyent armé jufques dans le gofier de dents canines. Vous haranguiez au barreau dans le même goût que vous faites aujourd'hui du milieu d'une terre étrangere. Mais quelle différence pour l'auditoire, pour l'abondance & le genre des matieres, pour la liberté, pour la gloire dé faire du bruit ! Rien ne vous convenait mieux que cette profeffion d'écrivain polémique, de pédagogue des nations. Vous vous garderiez bien, je crois, si l'on cédait à vos importunités, de vous concentrer de nouveau dans le sombre temple de Thémis, pour offrir le plus souvent à ses autels, l'encens de la cupidité, des supplications idieuses, & de perfides vœux. A cette considération, qui n'est pas la votre, puisque dans vos nouvelles fonctions vous ne vous rendez pas plus recommandable, ajoutez que la majeure partie de vos admirateurs est composée de jeunes gens de l'un & de l'autre sexe : & Thémis n'assemble à sa cour que des hommes graves & austeres, des têtes intriguées, & de tristes plaideurs dévorés de soucis.

Après les souscripteurs bénévoles,

vous ne vous en étiez peut-être pas promis d'autres. Mais votre bonheur eſt tel, que vous mettez à contribution les gens même les plus éloignés de vous donner leurs ſuffrages & de vous eſtimer. Je vois les meilleurs citoyens vous lire exactement. Mais ils ſont à chaque fois ſaiſis d'horripilation & de friſſon. Ces vrais amis de la patrie voyent vos écrits venimeux, avec la même ſollicitude qu'ils s'informent des priſes faites ſur nous par les Anglais.

Mais que votre fortune coûte cher à l'humanité ! vous avez des partiſans ! & des hommes peu réfléchis vous accordent plus que vous ne leur demandez. Ce que vous dites uniquement pour opérer une révulſion

lucrative dans les efprits , ils le prennent à la lettre.... il n'eft rien de
plus fouple , de plus modifiable que
les cerveaux humains : la meilleure
philofophie n'eft qu'un vent paffager.
On la traite à Paris auffi leftement
que l'on fait toute autre chofe. Chez
un peuple babillard & vain , tout,
jufqu'à la morale , eft de mode & de
caprice ; & même en tout pays , l'u-
niformité laffe ; avec le tems le beau
nous ennuie , le bon ceffe de l'être
quand il dure toujours , la lumiere
fans la nuit perdrait de fon prix. Il
faut des fophifmes , des rêveries , des
contrariétés : n'eft-il pas affommant
d'être toujours d'accord ? L'erreur &
la vérité , la raifon & la folie , également entraînées par la viciffitude des

chofes , vont , paffent , & reviennent
auffi néceffairement l'une que l'autre.
Le nom de philofophe fait aujour-
d'hui un tort étonnant à la philofophie. Déja dans une partie de la fociété , les efprits forts ne font plus
ceux qui frondent les fuperftitions ,
& qui croient qu'il n'eft jamais utile
aux hommes d'être trompés ; mais
ceux qui retournent aux préjugés , &
qui fe difant animaux raifonnables
veulent que leurs pareils foient des
animaux ftupides. Pour fe donner de
beaux airs , il fuffit de prendre des
airs nouveaux ; il n'eft pas de ridicule qui ne puiffe à fon tour faire fortune : mais on a trouvé furtout bien
commode celui de ne douter de rien ,
fans avoir rien appris ; de fiffler ceux

qui fe donnent la peine d'examiner, de pefer, de raifonner : on les taxe de philofophie, & les voilà noircis, devenus un objet de pitié ou de rifée. L'encyclopédie pourra bien defcendre au Pont-neuf, & les décroteurs feront obligés de régenter un jour les orgueilleux contempteurs des lettres & des fiences. Cette révolution eft dans l'ordre des chofes, & s'eft opérée déja mille & mille fois. Elle eft peut-être l'effet de l'inégalité avec laquelle les efprits font cultivés, des bornes étroites qui leur font prefcrites, de leurs aptitudes diverfes, & de ce que la fageffe, qui s'aquiert fi difficile-ment, meurt avec les mortels. Quoi-qu'il en foit, ces cataftrophes fe re-nouvelleront toujours (ce qui a pu

être une fois , peut & doit éternelle-
ment paraitre & difparaitre); il ne
tient qu'à vous, Mr., d'en provoquer
& accélérer une, c'eft le moyen de
faire époque.

Je dois rendre juftice à votre or-
thodoxie. Vous proteftez à la face
du ciel & de la terre, que vous ne
vous êtes jamais écarté de l'efprit de
l'églife. Je ne veux fur ce point
vous démentir ; vous avez fait preu-
ve d'un affez joli caractere : mais je
ne vois gueres que cela qui puiffe
accréditer vos vœux folemnels. Il y
aurait plus d'une bonne raifon de
croire que votre alliance ou com-
plot avec la gent presbytérale, n'eft
qu'une bourafque ou un artifice. Vous
ne paraiffez courir au temple que

pour mieux affiéger l'académie, & pour avoir la confolation tous les quinze jours, d'excommunier les encyclopédiftes. Dites-nous en paf-fant pourquoi vous lapidez ceux-ci du nom de *Capucins?* Qu'avez-vous pour éclabouffer la révérence même? L'ordre féraphique ne peut-il pas fe vanter de fervir auffi vaillamment que vous de marche-pied au faint fiege? Mais pourfuivons! Vous inftruifez la capitale & les provinces qu'en dépit de la fecte philofophique, vous ne voulez refpirer que pour l'églife : vous aimez mieux fubir la loi d'une fouveraine, qui, felon vous *regne par l'amour & la conviction.* Ce fe-rait fort bien fait, fi ce n'était beau-coup dire. *Quand elle a paru* (ce mot eſt obligeant) *s'éloigner de ce principe, c'eſt*, dites-vous vaguement & gratuitement, *par des cauſes étrangeres qui l'avaient ainſi dégradée* (l'apparence étoit donc conforme à la réalité?) Mais pourquoi n'uſez-vous pas de cette indulgente interprétation à l'égard de la philoſophie? & avec plus de juſtice, puiſque les philoſophes ne font pas ſecte, puiſqu'il n'y a point pour eux d'eſprit de parti, d'intérêt de corps; puiſqu'il eſt impoſſible que, comme philoſophes, ils ſoient tous des fripons? Pourquoi évitez-vous d'être partial envers l'une, pour l'être envers l'autre? Homme inconſéquent! jetez-vous de tel côté que vous voudrez; ce ne ſera pas une perte pour les philofophes, ce ne fera pas un gain pour les prêtres.

Vous vous montrez émerveillé de ces paroles de St. Paul : *Soyez fou-mis aux puiſſances ! femmes ! foyez foumifes à vos maris ! foyez charita-bles, compatiſſans, défintéreſſés !*

Doux Champenois ! vous devez être un enfant bien docile, un pe-tit faint bien débonnaire ! voyez tou-tefois mon endurciſſement ! je ne fuis prefque point édifié de votre véné-ration profonde & finguliere, pour les préceptes renfermés dans ce peu de mots ! ils font très-falutaires fans-doute, mais celui qui les donne, & que vous prenez pour maître, eſt horriblement fier & hautain, il a le ton bien rogue. N'eſt-ce pas d'ailleurs exagerer beaucoup que de trouver dans ces trivialités une fageſſe prodigieuſe, inouïe ? & l'éleve de Gamaliel fera-t-il pour cela le magiſter de tous les âges, de tous les ſexes ? Pour moi, je veux vous le dire, vrai chrétien que je ſuis, je ne l'ai jamais goûté. Nos écrivains que vous ravalez ſi fort au-deſſous de lui, ont mille fois, ce me ſemble, expoſé la même morale avec plus de grace & d'onction, ils en ont mieux fait ſentir tout l'inté-rêt. Il eſt vrai qu'ils n'ont puiſé que dans leur propre cœur, & qu'ils ne ſe ſont point dit inſpirés par la ſuprême intelligence : mais ils en ont plus de mérite ; & il eſt à préſumer que s'ils euſſent été, comme St.

Paul, ravis au troifieme ciel, ils en auraient rapporté quelque chofe de mieux. Je vous le dis franchement, votre religieufe politique n'eft pas affez fine, on vous voit fous le mafque.

Il eft tems que je vous parle de ce qui feul m'a fait prendre la plume. C'eft un mot de cette phrafe de votre avertiffement : ,, depuis vingt ans ,,les preffes de Genève ne ceffent d'en- ,,fanter les ouvrages les plus révoltans, ,,les plus faits pour allarmer la pu- ,,deur & l'adminiftration : la Pucelle, ,,L'Emile, le Syftême de la Nature, y ,,ont été réimprimés cent fois. ,,

Rien ne m'a jamais bleffé plus in-térieurement, rien ne m'a jamais plus contrifté l'ame, que cette injure cruelle, que vous faites froidement & comme fans y fonger, à un livre fi plein de charmes, écrit avec une grace fi touchante, avec une éloquence & fi fimple & fi vraie, avec une chaleur fi vivifiante : livre d'un fi haut prix, que nul homme, depuis la création, n'a fait à l'humanité une plus riche offrande ; livre fi parfait, que ceux qui n'en connaîtront pas l'auteur, l'attribueront à quelqu'une des céleftes intelligences. J'en appelle à tous ceux qui n'ont pas le cœur corrompu, & qui ont mérité de comprendre l'*Emile* ! ne faut-il pas ignorer ce que c'eft que pudeur & adminiftration, ou mentir honteufement à foi-même, pour le traiter de livre fcandaleux, de livre révoltant; pour le ranger entre l'obfcène chef-d'œuvre d'un efprit débauché, & la production d'un audacieux athée? Si vous euffiez lâché cette invective contre tout autre des meilleurs livres, contre l'Efprit des Loix, ç'eût été une grande folie; mais contre *Emile*! l'enfant chéri de la nature! c'eft une profanation, un blafphême; & vous avez affligé les ames pieufes qui l'idolâtrent. Eft-ce l'appui (*) que vous prêtez au dogme? Eft-ce votre refpect pour la hiérarchie eccléfiaftique, qui vous ont fait ainfi commettre un facrilege? ah! gardez la

____

(*) M. Linguet dit dans fon avertiffement qu'il veut maintenir le dogme & la hiérarchie eccléfiaftique.

religion de votre pays ! mais gardez principalement la religion du genre humain ! ayez la foi du peuple ! mais ayez, s'il est possible, en même tems des mœurs ! ne couvrez point d'ordures ce qui sert à nous rendre bons, & à guérir les maux de notre esprit ! l'*Emile* est à l'épreuve d'un arrêt & d'un mandement. Ce double anathême n'a pu le décrier ; sa pureté a triomphé de la flétrissure des loix humaines ; & l'élément qui détruit tout, le feu, n'a pu l'altérer. Lui ferez-vous plus funeste, Mr. Linguet ! par vos éphémérides, & par vos aboyemens ? Dussiez-vous jusques au dernier siecle, faire sous le nom d'Annales votre histoire & des satyres, vous ne survivrez pas à la vertu. Que dis-je ?

je ? dans un moment vous ferez ce qui n'eft plus ! ... & l'*Emile* repo- fera fur les ruines du monde.

Ne vous contentez point d'avan- cer d'abfurdes propofitions. Effayez de prouver que l'*Emile* a pu porter atteinte à la pudeur, ou que l'ad- miniftration a dû le redouter. Quelle gloire au contraire pour un gouver- nement ! quel bonheur pour les peu- ples, fi ce livre ineftimable méritait votre accufation ! s'il avait quelque influence fur l'économie politique !

On ne peut mieux conclure que d'après l'expérience & la nature des chofes. Sur ce principe, obfervez d'une part, qu'une infinité de gens de votre efpece, pleins de dévotion aux apôtres, ont été des méchans,

C

ont été des monftres ; & de l'autre qu'il eft impoffible qu'un homme inf-truit à l'école de J. J. Rouffeau, ne foit pas bon.

Vous faites parade d'un grand zèle pour l'exaltation de l'églife. Mais fi vous voulez le communiquer, tâchez qu'il foit plus éclairé. Il ne fuffit pas de dire que *le facerdoce eft une véritable magiftrature ; & la plus douce, la plus active, la plus utile, la plus refpectable des magiftratures.* Nous attendons, pour donner notre confentement à ces affertions, que vous nous ayiez fait concevoir, qu'il eft utile, qu'il eft doux, qu'il eft sûr pour la fociété, de fe foumettre à l'action d'un corps, dont l'objet & l'efprit lui font particuliers, qui ne prend de loix que de lui-même, & qui se croit essentiellement plus noble que tout le reste des hommes ensemble.

Prouvez-nous, que ce corps hété-rogène doive entrer dans un corps politique, composé d'individus par-faitement égaux entr'eux, qui s'unis-sent librement pour un intérêt com-mun !

Prouvez, qu'une puissance qui ne reconnait sur la terre aucun institu-teur, puisse être ce qu'elle est, c'est-à-dire une puissance, & ne tenir pas plus de place dans l'état, n'avoir pas plus d'action, que de simples sujets, qui n'ont plus de volonté particu-liere, qui n'ont plus rien à eux que leur existence naturelle !

Voilà les queſtions que vous avez à réſoudre pour parer aux objeﬖions de ceux qui ſoutiennent, que la magiſtrature ſacerdotale fait incohérence avec la grande, la premiere, la vraie magiſtrature ; qu'elle nuit à l'harmonie dans le gouvernement ; qu'elle rompt l'unité de l'aﬖe d'aſſociation.

Vous avez preſſenti que l'on pourrait vous ſuppoſer des vues d'intérêt particulier, & vous trouver des airs de courtiſan. On ſe défend en effet aſſez difficilement de cette idée, lorſqu'on vous voit complimenter le roi, flatter les miniſtres, encenſer les prêtres. Cela reſſemble beaucoup à quelqu'un qui invite tout ce qu'il y a de puiſſant dans l'état, de co-operer à fa profpérité. Si vous n'êtes pas pour les bonnes caufes, vous êtes pour les bonnes clienteles. Mais 1°. vos complimens font injurieux au Roi, parce que vous faites outrage à tous fes fujets ; parce que vous vous chargez du mépris univerfel, en propofant la tyrannie au chef d'une nation noble & généreufe ; parce que les Français veulent être gouvernés par un Roi magiftrat, miniftre de leurs loix conftitutionnelles & primitives ; parce que vous ne tendez qu'à brifer les nœuds qui uniffent nos cœurs à celui du monarque ... Terminons ce chapitre ! & fachons par un mot fi vous êtes encore notre concitoyen ! S'il était poffible que malgré la réprobation de tout fon peuple, le Roi feul, ce prince que j'honore, vous donnât fon fuffrage.. êtes-vous affez vil pour vous en contenter ?

2°. Les miniftres ont de la mémoire. Souvenez-vous vous-même de vos rodomontades à Mr. De Vergennes !.. Génie fi formidable ! avez-vous perdu le fentiment de vos forces ? Eft-ce là cet oracle, ce prophête menaçant, cette ame fiere, courageufe, indomptable, cette voix de tonnerre qui devait ébranler la France, l'humilier, la confterner ? Eft-ce là ce transfuge irrité, ce mutin, ce grondeur, qui des bords de la Tamife, difait à fa patrie : „ me voilà chez tes ennemis ! & de ma difcrétion dépend ta deftinée ! „ Dan-

gereux confident de nos fecretes ma-
ladies ! fils ainé de la vengeance !
nous n'avons pas fenti le poids de
votre courroux. Devons-nous vous
en rendre des actions de grace ? J'en
jure par celui qui fcrute les cœurs
& les reins, votre feule impuiffance
a fait notre falut.

3°. Quant au bras que vous prêtez à l'églife dans fa bienheureufe
caducité ; fi c'eft un devoir que vous
vous êtes impofé, nouvel Ofa ! je
tremble pour vos jours ! fi c'eft une
tâche... parlons d'autre chofe !

Vous affirmez que les *leçons* que
vous nous donnez *n'ont pour objet
que le bien public*. Quelques foient
vos intentions, les miennes ne font
que de vous engager à nous donner

des *leçons* d'honnêteté, de modéra-
tion, de bonne foi, & nullement
de vous chagriner, ni d'empêcher
que vous ne reçeviez eau benite à
la cour, indulgences plénieres ou
pécuniaires dans la facriftie. Si les
graines ameres que vous avez femées
ne vous produifent pas de fruits auffi
doux que vous pourriez l'attendre,
ne vous découragez pas, mais effayez d'autres graines. Vous avez un
talent réel, & par conféquent des
reffources. Votre ftyle eft noble &
riche, plein d'images & de méta-
phores brillantes ; employez-le en faveur de paffions aimables, & ne tour-
mentez point vos paffions bilieufes.
On loue votre efprit, on blâme votre
humeur ; avec plus d'aménité vous

feriez un homme précieux. Au lieu donc de vous rendre périodiquement auteur de libelles pleins de malignité, offrez au public vos belles réflexions fur des objets intéreſſans, dignes de fon attention. Songez que *le Brutus de la littérature*, n'eſt pas celui qui fait tant de fracas, & qui furgit avec tant d'arrogance ; mais celui qui fe tait fur toutes perfonnalités, qui maintient la république dans le calme & le repos, qui favorife la paifible navigation de ce grand vaiſ-feau, & n'en quitte point le gou-vernail pour fe ruer en forcené fur les matelots. Laiſſez-nous puifer dans *Emile* la nourriture de nos ames. Quand vous viendriez armé d'une puiſſance furnaturelle, fulminer con-

tre cet ouvrage, vous ne nous em-
pêcheriez pas de l'adorer. Nous ap-
prouvons que vous faſſiez vos déli-
ces des épîtres de St. Paul. Si elles
vous édifient davantage, vous avez
raiſon de les préferer : pourvu que
l'on ſe ſanctifie, n'importe par quel
moyen.

S U I T E.

J'ai lu, Monſieur, votre 26e.
N°. Il y a d'excellentes choſes ſur la
guerre & ſur les guerriers, ſur les
peuples & ſur les rois. Quand vous
conſiderez les hommes de tous les
pays comme ne faiſant qu'une même famille, quand vous ne parlez
ni de vous, ni de Paris; vous êtes

notre frere, & vous satisfaites à la fois la morale & le goût. Mais quand vous nous entretenez des gouvernemens, des académies, du clergé, des parlemens, vous n'êtes plus un français, vous n'êtes plus un homme, vous n'êtes plus même cet écrivain mâle & fécond qui peint la pensée de couleurs si vives; vous êtes.... dans l'accès d'une terrible maladie. Vous précheriez les dogmes les plus affreux, uniquement pour causer quelque déplaisir à vos ennemis; vous sacrifieriez, si vous le pouviez, le salut de l'état à votre vengeance; vous immoleriez le genre humain à vos petites rancunes.

Est-ce par esprit de Christianisme, que vous accusez les gens de l'académie de n'être pas Chrétiens ? que vous follicitez fi inftamment leur augufte protecteur de févir contr'eux? que vous vous offrez d'allumer le tonnerre dans la main de leur maî-tre ? Apôtre furibond d'une religion trop peu connue! vous me femblez un tigre qui accufe le lion de n'être pas clément & charitable.

Quand vous fongez à vos enne-mis, que l'inquifition doit vous pa-raitre un fublime établiffement ! Com-me la magiftrature facerdotale eft, felon vous, la plus utile, le faint office doit être le tribunal par ex-cellence. Qu'il eft doux pour un homme féroce & dénaturé, d'obte-nir fûrement la perte de fes freres, en les dénonçant aux juftices facrées, à la fouveraine fcélérateffe ! d'en être toujours bien reçu en offrant des victimes ! d'avoir pour ami fur la terre le diable en perfonne ! d'y pouvoir allumer fans forme de procès, contre toute raifon, les feux de l'enfer ! & d'y jetter de fa propre autorité les enfans du pere célefte ! S'il pouvait venir à M M * * *. la fantaifie de voyager en Efpagne, ce ferait là une belle occafion de leur apprendre à fe moquer de Médard & de François Xavier, à maudire Dominique & tant d'autres démons canonifés. Mais graces à nos bonnes loix civiles, jamais votre zèle, quelque brûlant qu'il foit, n'opérera parmi nous l'incinération de ceux que vous déclarez atteints & infectés d'héréfie.

Impitoyable & fougueux miffion-
naire ! vous brifez cruellement les
liens de nos iniquités ! Vous manque-
rez notre converfion par votre pétu-
lance & votre rigorifme. Vous ne
pouvez donc fupporter que le fénat
littéraire, la cour des mufes, demande
pour fon laurier aux poëtes du nouvel âge, l'éloge de Voltaire qui en
fut fi longtems le plus illuftre mem-
bre ? Votre bonne ame efpere donc
que *le gouvernement ne tolerera pas
jufqu'au bout ce programe* indécent qui
tant vous *fcandalife* ? Vous êtes donc
bien charmé de ce que l'on n'a pas
gratifié d'un obit, le chantre immor-
tèl du divin roi Henri quatre ? Par-
bleu ! je m'en réjouïs avec vous ;
mais votre joie fe rapporte à la vin-

dicte cléricale, & la mienne, à l'honneur de l'incomparable académicien. J'avoue qu'une meffe de *requiem*, un *libera*, un convoi de tondus & de frocards, euffent été une pompe funebre dont il n'était pas digne ; & que l'églife doit de fa fainte malédiction frapper un inconfès, comme autrefois un inteftat. Mais tout le monde convient que de telles cérémonies euffent médiocrement flatté les mânes d'un homme auffi miraculeux. A fa naiffance, la fuperftition l'avait reçu & pris par la main aux portes de l'univers ; il l'écarta de lui fitôt qu'il la connut, & en quittant la terre, il lui défendit de fouiller fon trépas. Ce monftre farouche & fanguinaire, à qui l'Hercule du monde moral donna fi heureufement la chaffe, percé de fes traits, bleffé à mort, pouffe encore aujourd'hui fes affreux hurlemens. Le héros fon vainqueur, jaloux de jouïr paifiblement de fa derniere heure, devait-il, allant au monument, traîner à fa fuite des lambeaux animés par la rage & le défefpoir ?

Chevalier errant ! Dom-Quichotte littéraire ! avec qui bataillez-vous ? je ne vois perfonne aux prifes avec vous. On croirait à vos cris, que tous les philofophes font acharnés fur vous, qu'ils vous écorchent ; & vous n'avez jamais eu rien à déméler avec la philofophie ! le corps des philofophes eft pour vous un être de raifon ! Vous avez eu quelque intérêt perfonnel à

débrouiller

débrouiller avec deux ou trois particuliers, & vous voulez éternifer ce
miferable procès ! que nous impor-
tent ces vétilles ? Vous voudriez char-
ger de la haine publique vos an-
ciens adverfaires ! vous cherchez à
foulever contr'eux ceux qui portent
l'épée, ceux qui tiennent l'encenfoir !
vous les accufez de mécréance ! vous
les qualifiez de philofophes ! &, vo-
miffant des flots de bile, vous prônez
votre attachement à l'églife catholique, apoftolique & romaine !.. Tar-
tuffe du vieux tems ! traître que je
détefte : je mets un frein à ma co-
lère & je ne vous dirai point de quel
œil on regarde aujourd'hui ceux qui
font d'une fauffe pieté, l'inftrument
de leurs paffions ignobles. Eh ! voyons

entre nous ; que font les philofophes ?
Ils jugent les religions , ils recher-
chent la religion , ils la rappellent :
& vous ! qui méchamment faites le
bien des prêtres , turbulent journalifte,
qui nous empoifonnez de votre ortho-
doxie ! qui la vendez & qui voulez
en vivre ; Linguet ! que faites vous ?
vous mentez aux menteurs mêmes.

J'ai déterminé quelle eft la vraie
magiftrature. J'ai prouvé qu'il ne
doit y avoir dans l'état qu'une feule
puiffance , qu'une feule police. Mais
lorfque vous-vous faites à la fois le
champion de l'autorité royale, & de
l'autorité eccléfiaftique , je doute que
vous fachiez ce que c'eft que magiftrature. Ignorez - vous qu'il n'y a
qu'un fujet dans l'état ? que ce fujet

c'eſt l'homme ? l'homme tout entier ? ou plutôt l'eſprit de l'homme, ſa partie morale ? qu'il ne faut évidemment qu'un ſeul modérateur des actions humaines ? & que ce modérateur eſt le gouvernement, dont le roi eſt le chef? vous endurerez ici pour vous & pour l'égliſe, vous endurerez la démonſtration. Que ſe propoſe la ſociété ? une ſeule fin, c'eſt le bonheur de tous les individus. Quel eſt ſon moyen ? c'eſt la juſtice, ou la force coactive de ſes propres loix. Or, l'homme ſocial eſt un, ſes devoirs ſont uns, ſes maîtres ſont uns. Si la magiſtrature ſacerdotale eſt, comme vous le dites, la plus utile & la plus reſpectable, vous ſubordònnez donc l'autorité du roi à celle de l'é-

glife ? Parlons plus conféquemment !
vous la rejettez , vous l'anéantiffez ....
vous l'anéantiffez , vous dis-je , puifque ces deux autorités font chacune
de nature différente.

Quittez pour un moment vos actes
des apôtres ! & lifez dans l'évangile
cette verité éternelle : *nul ne peut fervir deux maîtres.* Qu'elle vous ap-
prenne deux chofes : la premiere ,
que l'homme dans la fociété n'appartient après Dieu & la nature , qu'au
fouverain , c'eft-à-dire , à la perfonne
publique , au corps politique ; en un
mot, que l'individu focial , la fociété
entiere n'appartient qu'à elle-même.
La feconde , que le roi & le prêtre
étant deux magiftrats , vous ne pouvez en même -tems vous foumettre à

tous deux , & préferer l'un à l'autre.
Appréhendez-vous que la faveur de
l'un des deux ne fuffife pas à votre
ambition ? cela ferait fâcheux, mais
enfin vous ne pouvez faire à la fois
votre cour aux princes de la terre &
à ceux de l'églife. Vous dirai-je pourquoi ? c'eft que ceux-ci font rivaux
des premiers ; c'eft que fous deux
noms différens, il n'eft au monde
qu'une forte de principauté ; mais il
y a d'une part de vrais propriétaires,
& de l'autre des titulaires en fpé-
culation ; & les droits de Céfar, que
Jefus-Chrift même a confacrés, font
l'objet des prétentions de ce hardi
fauffaire , qui s'étant forgé deux
clefs , veut entrer en maître dans
tous les palais. Vous m'entendez ?

Concluez donc que fi les gens d'églife fe difent princes , il faut les envoyer gouverner dans les efpaces imaginaires : car la terre , fortie des mains de Dieu dès le commencement des tems , n'eft point faite pour eux qui ne font que d'hier ; & s'ils font magiftrats , leurs jufticiables ne font point fur la terre.

Vous avez de l'origine des rois une idée bien monftrueufe. Vous ne prenez donc le nom de roi qu'en mauvaife part ? vous ne prefentez ce titre que fous un afpect odieux , & qui ferait des plus révoltans , fi l'énoncé de votre doctrine n'était des plus ineptes. Toute royauté eft felon vous une acquifition légitime faite par la violence !

Je vois une chofe qui rend votre charlatanerie bien tolerable , bien peu dangereufe. C'eft que vous-vous réfutez fi efficacement par vos tranf-cendantes abfurdités , qu'en diftri-buant le poifon de l'erreur , vous ad-miniftrez en même-tems l'antidote. Après avoir dit que tous les rois ont été des conquérans & des ufur-pateurs , vous prétendez que c'eft Dieu lui-même qui dirige l'épée des rois ! Citerai-je un texte rempli d'a-trocités ? non , l'exactitude n'exige pas l'indécence ; en voici l'extrait : „ quand les gens de robe d'un cer-tain état difent fans ceffe à leur roi, &c. *qu'il ne tient fa couronne que de Dieu & de fon épée*, ils font bien incon-féquens fans doute , puifque leur

D 4

(56)

unique application eſt de contrarier cette couronne (l'expreſſion eſt neuve) &c. *mais enfin ils diſent une grande vérité.* "

Une grande vérité ! vous appellez ainſi cette propoſition , parceque vous faites l'injure au roi de croire qu'elle le flatte , & qu'elle eſt à ſon avantage ! mais , vil eſclave d'un homme qui ne veut pas être ton tyran , ni le notre à ton invitation ! ridicule & pédant publiciſte , qui nous répétes le catéchiſme de la canaille ! c'eſt une vérité que tu ne conçois pas , & que je te défie de démontrer , quand nos prêtres , dont tu te rends ici l'écho , te fourniraient toutes leurs ſubtilités.

Le premier qui fut roi fut un foldat heureux.

Vous avez pris ce vers à contre fens. Le premier roi fut l'homme utile à tout un peuple. Poliphonte demande la royauté pour prix de fes fervices ; il veut être roi des Mefféniens, parce qu'il les a défendus & fauvés, non parce qu'il les a fubjugués ni conquis. Pour que le vers quadrât à votre penfée, il faudrait qu'il eut dit : *le premier des tyrans fut un foldat heureux.* Si ces deux dénominations de tyran & de roi n'ont chez vous qu'une feule acception, foyez du moins conftant à vous-même.

„ Le fer & le fuccès, ajoutez-vous, voilà la généalogie de tous les trônes. "

Ne dirait-on pas que la monar-

chie eſt le gouvernement des exter-
minateurs ? que les peuples ne ſe font
jamais volontairement donné de rois ?
que tous les rois ſont autant de tyrans, qui ſont venus fondre à main
armée ſur les cités & s'en rendre
maîtres ? Voilà de belles expéditions !
mais ce qu'il y a de plus beau, c'eſt
que le docteur Linguet nous aſſure
que du moment qu'elles ont réuſſi,
elles ſont dévenues légitimes : „ la
force eſt un droit, dit-il, & un véritable droit. Il légitime tout ce qu'il
produit, quand la fortune y joint ſa
redoutable fanction. "

Avocat barbare ! briguez-vous la
haine des nations ? quoi ! vous oſez
crier aux rois, que les royaumes
ſont des parcs à gibier pleins d'ani-

maux fauvages deftinés aux plaifirs affaffins ! d'où favez-vous que le pre-mier roi fut un boucher qui fous fon fouet attroupa les hommes épars? Voulez-vous renouveller la fable des géans? Qui êtes-vous, pour nous apprendre que tous les rois furent dans l'origine des coloffes doués d'une force démefurée, capable de leur affujettir une multitude d'hommes? la royauté eft donc bien une chofe contre nature, fi elle n'a pu naître que de la tyrannie? Il répugne donc à votre fens que les hommes ayent fuivi leur penchant nature là fe rappro-cher, à emprunter les uns des autres des fecours mutuels, à jouïr en com-mun des fruits de la terre? & s'il eft furvenu des rixes; fi l'exclufif amour

de foi, s'attribuant toutes les fubfif-
tances, a changé tous les membres
des premieres peuplades en bêtes fé-
roces, concevez-vous qu'un de ces
lions ait pu furmonter feul, brifer &
contenir la rage de tous les autres ?
Comment ne voyez-vous point que
ces combats fanglans n'euffent jamais
ceffé, fi les hommes, épuifés de tant
d'excès affreux, ne fe fuffent envi-
fagés, n'euffent reconnu qu'ils étaient
tous femblables, n'euffent déviné
qu'ils étaient tous des freres, n'euffent fenti qu'ils devaient tous s'efti-
mer ou fe craindre ; & fi tous, répri-
mant leur cupidité, n'euffent ima-
giné, pour affurer le bien de chaque
individu, de fe céder réciproquement une part dans la maffe alimen-

taire ? Tous les hommes , en un mot, n'auraient-ils pas péri victimes de leurs rivalités , fi la juftice innée, ne leur eut fait trouver l'ufage de la voix ou des fignes, pour fe donner la foi, voter enfemble , & s'unir par le lien des conventions & des loix ?

Avançons ! qu'eft-ce que le droit ? C'eft , dites-vous , la force victo-rieufe. Attention , M. Linguet ! nous fommes en morale , & non en mé-chanique ; nous parlons de chofes intellectuelles, de loix propres aux êtres penfans : c'eft du droit qu'il s'agit, remettez-vous... mais non ! ce n'eft point diftraction de votre part & vous - vous poffédés en nous enfeignant que le fuccès eft le droit, la fanction de la force !

Puisque vous avez l'esprit préfent, & qu'il ne vous manque que des idées, apprenez à diftinguer entre le droit du plus fort, & le droit du plus jufte, entre le droit & la néceffité. Celle - ci cache fa fource dans l'impénétrable deftin ; celui-là renferme les loix de la nature, & les loix pofitives. Les premieres, font partout les mêmes ; l'homme en naiffant les apporte écrites dans fon cœur ; elles lui font auffi fenfibles que la vie ; elles confiftent dans fes facultés, dans le rapport de fes befoins avec fes forces. Fidele à fuivre leur inftinct, il emploie & dirige toutes fes puiffances à fon intérêt individuel. Les dernieres, réfultent des conventions des hommes en société ; elles varient comme les lieux, les climats, & le nombre des contractans ; elles ont, ou plutôt doivent avoir pour objet de réunir, de confondre ensemble tous les intérêts, & de faire dériver du bien général le bien particulier.

D'après cela, le droit est la mesure du juste & de l'injuste, la science de ce qui est illicite ou permis ; c'est la comparaison des actions avec les loix.

La légitimité est donc antérieure aux actions, la moralité leur est donc essentielle ; leurs succès font divers, mais leur caractère est constant. Les forfaits couronnés des mains de la fortune ne changent point de nature, le vice triomphant ne devient point vertu. De même l'adverſité ne flétrit point ceux qu'elle accable , & le juſte , ſous les pieds de l'op-preſſeur , ne devient point infâme.

Si l'on vous en croyait, le droit ne poùrrait jamais être déterminé qu'après l'action conſommée , & pour le connaître , il faudrait invoquer le jugement capricieux du fort. Mais pourquoi voulez-vous qu'on diſe que les prévôts du tableau , qui ont eu la force de rayer votre nom célébre , ont par-là fait un acte de juſtice , une choſe honnête , légitime & ju-ridique ? Encore ſi vous pouviez d'une maniere au moins ſpécieuſe , motiver une doctrine ſi choquante ! Vous ſa-vez quelle était la juriſprudence cri-minelle de ces ſiecles ténébreux,

où

où les juges interpellaient Dieu de dicter la fentence qu'ils devaient prononcer. On ordonnait un combat entre deux accufés, & le plus fort obtenait par un meurtre le titre d'innocent. Cette horrible méthode était moins groffière que la votre. On favait dans quel efprit on la pratiquait. Elle était fondée fur les idées préfomptueufes de la divine providence. Mais vos mauvais documens font encore deftitués de principes. Hélas! c'eft un malheur fait pour l'humanité, de tomber dans le faux en cherchant le vrai; mais vous vous y jettez de vous-même!... ô méchant! C'eft avec de bons yeux, & l'efprit éclairé, que vous vous égarez! vous connaiffez la cigüe,

E

& vous nous la donnez ! que je vous plains ! vous n'avez pas l'excufe de l'erreur !

Grand profeffeur de droit public ! pardonnez à mon défintéreffement & à mon ingénuité mes réflexions impies ! Il me femble que fi c'eft Dieu qui éleve les trônes, ce n'eft point par une action immédiate, mais feulement comme caufe premiere ou éloignée de tout ce qui arrive, & qu'en ce fens, c'eft auffi lui qui les renverfe. Lorfqu'on veut parvenir jufqu'à la vérité, il ne faut fouvent que s'en tenir aux principes prochains ; ils font évidens & fenfibles. Comme ce n'eft point un cas damnable de dire que c'eft votre mere qui vous a mis au monde, ce n'en eſt pas un de croire que les peuples ont mis le ſceptre aux mains des rois ; & que les cauſes ſecondes, à qui Dieu confie le ſoin de rouler la terre autour du ſoleil, ſont également chargées de la diſtribution des couronnes.

Cette maxime eſt dans la nature, & s'accorde avec la juſtice. Elle n'eſt démentie ni par l'hiſtoire, ni par la raiſon. Elle fait ſeule toute la moralité du pacte ſocial ; elle oblige les rois envers les peuples, elle les oblige à être vraiment rois. Elle ne fait conſiſter leurs droits de gouverneurs & de princes, que dans leur pouvoir de faire le bien. Elle ſeule rend les rois chers à leurs ſujets, & les ſujets à leurs rois ; elle ſeule établit entr'eux un commerce réciproque de reconnaiſſance & d'amour.

Toute maxime contraire eſt fauſſe & pernicieuſe. Elle aliéne les rois de la nature humaine, elle les ſépare de la douce ſociété de leurs ſemblables. Au lieu d'en faire, comme on le dit, *les images de Dieu*, elle les abrutit, les rend inſenſibles, & convertit en pierre, ce cœur de chair que Dieu leur avait donné. Elle les affranchit de toutes loix, hélas ! pour leur malheur, & pour la déſolation des peuples. Elle enchaîne ceux-ci avec leurs propres loix annulées par la perfidie du prince, & y ajoute des loix qu'on appelle divines, & qui ſont abominables. La famille nationale n'a plus de pere, elle n'eſt plus à fes yeux qu'un vil troupeau ; il eft devenu ftupide & méchant, puifqu'il a ceffé d'être homme ; il déshonore fon efpèce dont il porte encore les traits extérieurs. Les enfans, perdant avec lui la pratique des vertus naturelles, tombent eux-mêmes dans la dépravation & dans la mifère. . . .

Le fer & le fuccès ! voilà donc ce qui régle le fort des humains ! O l'ignominieufe condition que d'être fujet, fi c'eft l'épée royale qui nous impofe la loi ! ô l'éxécrable gloire que d'être roi, fi l'on ne s'infcrit roi que par le fer ! Ami Linguet ! faifons révérence au cheval ! tous les jours je vois de ces quadrupèdes généreux, refpirans la grace & la

nobleſſe, ſuivre avec amour, ſou-
vent même prévenir la légère impul-
ſion de la main qui les guide. Voyez-
les s'étaler avec complaiſance, dé-
ployer mollement une vigoureuſe
allure ; & relever le courage, ré-
hauſſer la fierté du guerrier qui les
monte & qui preſſe leurs flancs !.. oſez
leur faire appercevoir une verge ! ils
ſe révolteront, remplis d'indignation.

Sans doute, s'il eſt un droit au-
thentique, reconnu ſur toute terre,
c'eſt celui d'un pere ſur ſes enfans ;
& cependant la loi du glaive eſt inconnue dans la maiſon paternelle !
O nature ! mere des rois, comme des
autres hommes ! armes-tu un de tes
enfans, pour réduire vingt millions
de ſes freres en eſclavage ?

Rédacteur d'une théorie affreufe ! je fouhaite que vous n'ayiez le defpotifme que dans la tête, & que la baffeffe de l'intérêt particulier ne vous ait point fait commettre le plus grand des crimes, celui de lèze-humanité. Vous livrez au monarque le peuple à difcrétion ; vous ôtez à l'un l'honneur du commandement, & l'armez d'une force irréfiftible ; vous ôtez à l'autre le mérite de l'obéiffance, & le rendez purement paffif. Vous interdifez à celui-ci l'ufage de l'intelligence & de la volonté ; vous difpenfez celui-là de toute règle, de toute loi ; vous lui permettez tout, le mal comme le bien. O le flatteur fyftéme ! ô l'admirable découverte ! quelle dépenfe de génie ! quelle profonde politique ! Il était réfervé au cenfeur du dix-huitiéme fiécle, de révéler aux rois, que jamais ils ne meneront paître commodément leurs fujets, tant que ceux-ci auront deux yeux comme leurs maîtres, tant que le troupeau dira fon avis & aura la liberté de conférer avec le berger.

Ange de ténébres ! la nature qui fit les hommes égaux, vous défavoue. Avant de ftipuler pour les nations, daignez la confulter. Le fujet & le roi étant deux êtres fenfibles, il faut néceffairement qu'il y ait entr'eux des loix rélatives & analogues. Quand l'un ne ferait à l'égard de l'autre, que ce qu'un oifeau de votre volière eft à votre égard,

encore n'en uferait-il pas auffi librement que d'une herbe de fon jardin.
Si l'extrême licence & l'extrême
fervitude d'homme à bête répugnent,
que doit-ce être d'homme à homme?
Que doivent être vingt millions pour
un feul? Avec quelle attention, avec
quel ménagement un roi ne doit-il
pas traiter fon peuple? Un roi de-
vrait être le plus fenfible des hommes de fon royaume, & vous voulez
qu'il ne les touche qu'avec la pointe
de fon épée ! Parricide écrivain ! apprenez que ce n'eft pas pour lui que
le roi porte l'épée, que c'eft pour
fon peuple, & qu'il ne la doit tour-
ner que contre les ennemis de l'état.

Fauteur du defpotifme & de la
fuperftition ! fi vous aviez cinq ou

fix collégues, j'aurais peur que vous ne nous fiffiez marcher en arriere, & remonter aux fiécles du menfonge & de la trahifon. C'eft avec bien des efforts, c'eft bien lentement & avec bien peu de bras, que la génération préfente commence à tirer la vérité du puits profond qui lui a fi long-tems fervi de retraite. Si vous alliez nous faire lâcher prife, elle fe précipiterait en un moment. Il femble que vous vous propofiez cette noble opération. Après avoir apofta-fié la magiftrature & les loix, vous préconifez le pouvoir arbitraire ; vous proclamez la toute - puiffance d'un corps, qui profcrivant la raifon, prefcrit une foumiffion imbécille ; d'un corps, dont l'énorme ambition fut inconnue à ceux qui ont le plus dévaſté l'univers. En un mot, vous aſpirez à l'honneur d'affermir deux genres de deſpotiſme antagoniſtes en-tr'eux, dont l'un, (frémiſſez peuples & ſouverains!) ne ſera jamais à ſon comble, qu'il n'ait abſorbé l'autre !.. Chat-huant ! qui viens au colombier quand il eſt jour ! la proie t'évite, nous nous rions de ta pourſuite, & dédaignant de t'arrêter, nous te ver-rons pour ton ſupplice, ſuccomber à l'ardeur de ta voracité !

Non, non, pour mener les hom-mes au bonheur, il ne faut pas les traîner chargés de chaînes. Pour leur apprendre à vivre enſemble, il ne faut pas les nourrir d'un pain de douleur. Pour les attacher à un bon prince, il ne faut point leur imprimer la terreur. Pour leur faire obferver la juftice, fuivre la raifon, faifir la vérité, il ne faut point les dégrader, leur boucher l'efprit, les enivrer d'erreurs.

Il a été dit à nos peres : „ le roi, à qui Dieu vous a livrés, cédés, quittés, délaiffés, abandonnés, ne tient rien de vous, ne vous doit rien. Vous n'avez rien à lui demander ; il eft l'image de Dieu, & vous n'êtes que des hommes. C'eft en vain que fuivant le plus antique ufage, il a juré devant vous par un ferment folemnel de maintenir vos loix, de vous gouverner fuivant les principes de l'équité. Il n'a malgré cela fait avec vous aucun pacte. S'il vous aime, ce fera pour vous un bonheur , un bienfait, une grace : s'il vous molefte , gardez-vous de vous plaindre ! l'enfer ferait fur le champ votre partage.... Et quand vous le verrez au-deflus de vos têtes élancer fon fléau ! ne quittez point la place !... mais laiffez-vous brifer, pulvérifer !,,

Eh ! qui ofa tenir aux hommes un tel langage ? Leur intimer un tel commandement ? Faut-il le demander ? Le plus grand ennemi de l'homme n'eft-il pas l'homme même, quand la fociété ne fait plus un feul corps, quand elle eft bigarrée, divifée; quand une même famille ne porte plus une même livrée ? Des corbeaux en uferaient-ils fraternellement avec des tourterelles ? Un homme fage vivrait-il en paix & dans une parfaite union avec cet homme des petites maifons qui fe dit le pere éternel? Ce perfide fermon fut celui de gens dont le métier, tyrannique de fa nature, eft dans fon principe le luxe des tyrans; de gens, qui font pour une nation ce qu'eft pour un malade le ver folitaire; de gens, qui ne pouvant d'abord employer pour leur compte un oracle (*) écrit avant qu'ils euffent des fouliers, vinrent malicieufement le prêter aux potentats pour les féduire. Ceux-ci, amoureux d'une fauffe grandeur, fe crurent par la vertu de deux ou trois mots, métamorphofés en demi-dieux :

____

(*) Omnis poteftas à Deo.

ils exhaufferent leurs trônes d'une coudée, puis firent publier qu'ils étaient au-deffus des loix les plus facrées, les plus précieufes, les plus cheres à la nature; ils ne communiquerent plus avec leurs peuples, que la foudre à la main. Cependant les nouveaux miniftres fe faifaient payer à groffe ufure, l'accroiffement apparent de la puiffance impériale. A mefure qu'ils donnaient aux Céfars une autorité imaginaire, ils s'emparaient de la force réelle; ils devinrent eux-mêmes le fujet de la fentence apoftolique... Tout-à-coup leur cupidité s'enflame! impatiens d'envahir & de dévorer la terre, avant d'avoir fait main-baffe fur toutes les poffeffions, ils s'arrogent les droits

de toute propriété. Ils font les maîtres, les légiflateurs du genre humain, les fils aînés du premier homme. Leurs titres font fignés de la
main de Dieu même, deux teftamens
leur adjugent la fouveraineté univer-
felle. Leurs freres font leurs vaffaux,
eux feuls font les premiers feigneurs;
toute principauté relève de leur hé-
ritage.... C'en eft fait, la révolution eft confommée, les fourbes fe
déclarent, & fans pudeur ufent de
leurs fuccès. Ce n'eft plus à Dieu,
non, ce n'eft plus au maître du tonnerre, c'eft au difciple infidelle de
Jefus-Chrift, c'eft au fuperbe fervi-
teur des ferviteurs de Dieu, que les
empereurs & les rois doivent leurs
fceptres & leurs couronnes; c'eft à

l'épifcopat

l'épifcopat & à la tiarre, emblê-
mes faftueux des dignités fuprêmes ,
qu'ils rendront leurs hommages, fou-
mettront leurs grandeurs, leur puiffance, & leurs biens... Monarques
Européens ! oublierez-vous jamais ce
qu'il vous en a coûté d'humiliations
& d'opprobres, pour vous être fait
dire *les images de Dieu*, pour avoir
fait prêcher que vous n'aviez aucune
obligation à vos peuples, que vous
ne teniez rien de leur amour & de
leur confiance ? Plufieurs d'entre vous
ont été, quelques-uns font encore les
refpectueux & rifibles tributaires d'un
pervers fuccelfeur de Pierre le pê-
cheur ! vous allez encore, ou vous
avez été recevoir à fes piés, fur les
lieux où fut Rome, la commiffion

de gouverner des nations avilies ! S'en fallut-il beaucoup que vous ne fuffiez tenus tous à perpétuité, d'aller au Vatican avec le feigneur feudataire de Naples & de Sicile, porter royalement la queue de la haquenée papale ?

Aujourd'hui, détrompés par une fatale expérience, dégoûtés du merveilleux, nous avons retrouvé le bon fens, & nous ne voulons plus être fafcinés. Notre imagination ne fe laiffe plus monter au ton du fanatifme. Déteftant le carnage & l'efprit de l'églife, nous connaîtrons enfin la piété ; ceffant d'être bourreaux & de fervir des prêtres, nous honorerons Dieu, & deviendrons des faints. Aujourd'hui la nature triomphe de la fói fa cruelle ennemie, & l'humanité abjure le facerdoce. Les peuples & les rois ont reconnu les vrais rapports qui les uniffent; ils avouent réciproquement leurs devoirs & leurs droits. Les trônes aujourd'hui ne font plus deshonorés par des monftres dévots, jaloux de l'exiftence des hommes. Ce n'eft plus la ftupidité ni la crainte, c'eft la raifon qui nous foumet à l'autorité; & cette autorité eft éclairée fur nos intérêts, cette autorité eft la juftice. C'eft librement, de notre propre choix, pour notre bonheur, que nous voulons nous y affujettir; & l'aveugle crédulité ne nous a jamais affervis qu'à la tyrannie. Aujourd'hui, le roi fait qu'il eft homme, de la même nature que fes

F ij

fujets ; & qu'il ne fera grand roi ,
qu'autant qu'il fera parfaitement homme. Il fait que les loix ont formé
les fociétés , & que s'il régne , c'eft
la loi qui l'ordonne. Plus de ces
dogmes qui s'achetent, plus d'impofture, il ne veut pas abâtardir les
hommes foumis à fon empire. La
vertu & la vérité ! voilà les inftrumens de fa puiffance ; c'eft par eux
que fon gouvernement fera l'école des
bonnes mœurs. Dieu & fon peuple !
voilà les deux objets de fon amour
& de fes foins : c'eft d'eux feuls qu'il
attend fa gloire & fon bonheur. La
fuperftition a parmi nous encore fes
prédicans ; mais on méprife l'une ,
on furveille les autres ; on les bride ;
& l'on eft convaincu par des preu-

ves de fang à jamais déplorables;
qu'ils ne font pas la fureté publique.
Ils difparaîtront tous ; mais les maux
qu'ils ont faits ne fe gueriront pas..
Seigneur ! vous le favez ! ils ont
plongé votre peuple français dans
un deuil éternel ! ce légitime & précieux héritier de l'empire des lys, qui
pour vous fervir fur le trône, &
jouir de fes droits, entra dans un
temple fouillé de leur préfence, & par
l'effort d'une vertu fublime, voulut
en leur honneur vous rendre un
culte impur; ce roi qui nous por-
tait dans fon cœur, qui fous fes loix
heureufes eut attiré tous les hommes ; ce pere couronné, que les plus
beaux noms ne fauraient apprécier ;
ce roi fi fupérieur aux hommes les

plus rares appellés les bons rois. . . .
Seigneur ! en votre nom ils ont verſé
ſon ſang, ils nous l'ont poignardé,
maſſacré ! . . . notre douleur eſt au-
deſſus de vos divines conſolations. . .
eh ! ſi vous n'en gardiez le redoutable ſouvenir ; ſi leur crime funeſte,
le plus grand des parricides, pouvait ceſſer d'être préſent à vos yeux...
Vous nous avez donné la ſcience
de l'ordre. . . . demain la race en
ferait éteinte. . . . Pour moi, Dieu
de mon ſalut ! je vous ferai cette
priere : que toute ma gloire ſoit
dans le ciel, de laver le forfait de
l'égliſe catholique, anti-chrétienne,
& judaïque ! que mon bonheur ſoit
de pleurer, tant que vous ſerez
Dieu, ſur les piés de HENRI !

F I N.

www.ingramcontent.com/pod-product-compliance
Lightning Source LLC
Chambersburg PA
CBHW061250060726
47596CB00002B/527